CB062553

pintando o SETE

caulos

O Jardim da Infância de Matisse

ROCCO
JOVENS LEITORES

Copyright © 2007 *by* Caulos

ROCCO JOVENS LEITORES
Gerente editorial:
Ana Martins Bergin
Editores assistentes:
Laura van Boekel Cheola
John Lee (arte)

Direitos desta edição reservados à
EDITORA ROCCO LTDA.
Av. Pres. Wilson, 231 – 8º andar
20030-021 – Rio de Janeiro – RJ
Tel.: (21) 3525-2000 – Fax: (21) 3525-2001
rocco@rocco.com.br
www.rocco.com.br

Printed in Brazil/Impresso no Brasil

CIP-Brasil. Catalogação-na-fonte.
Sindicato Nacional dos Editores de Livros, RJ.

C362j Caulos, 1943-
O jardim da infância de Matisse / Caulos. – Rio de Janeiro: Rocco, 2007.
principalmente il. – (Pintando o sete)
ISBN 978-85-325-2185-9 – Primeira edição
1. Matisse, Henri, 1869-1954 – Literatura infanto-juvenil.
2. Pintura francesa – Século XX
Literatura infanto-juvenil. I. Título. II. Série
07-1455   CDD-028.5 CDU-087.5

Este livro foi impresso na Editora JPA Ltda., Av. Brasil, 10.600 – Rio de Janeiro – RJ
para a Editora Rocco Ltda.

caulos

O Jardim da Infância de Matisse

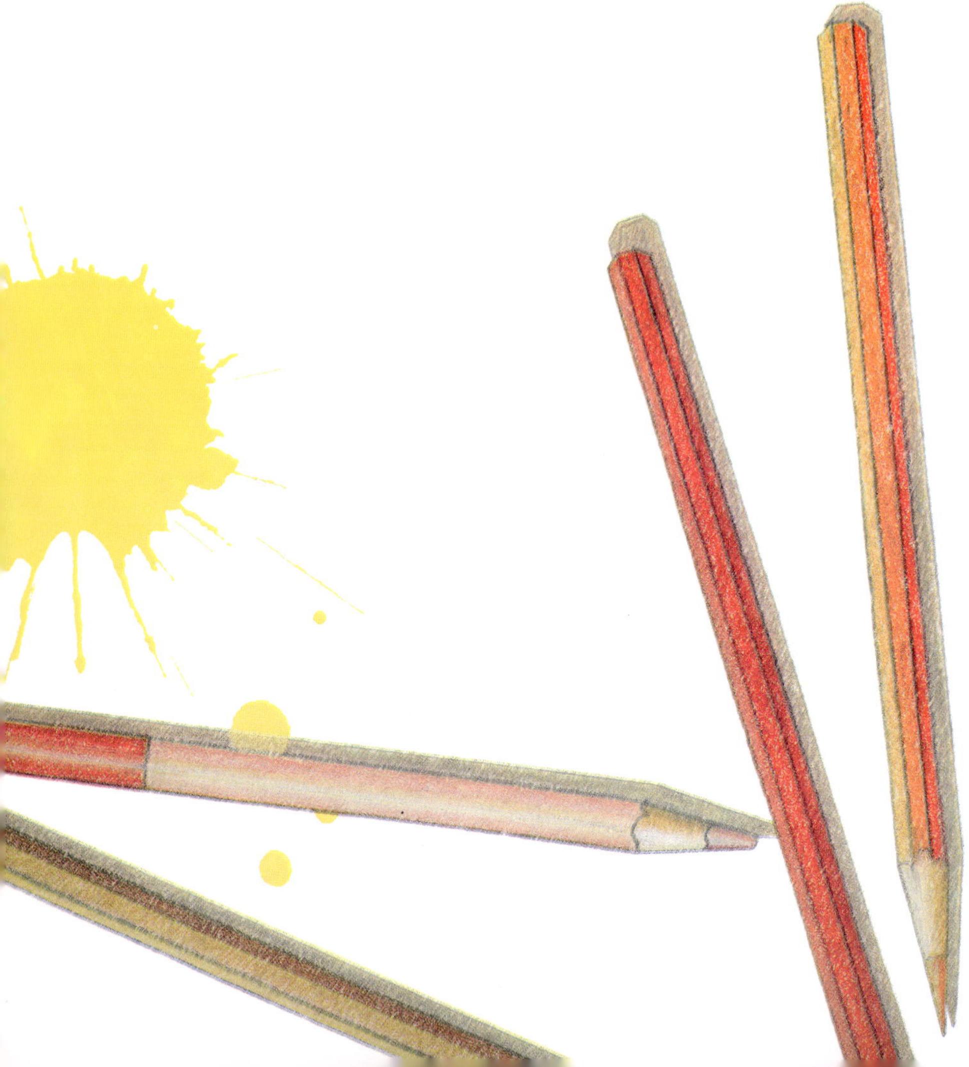

Henri Matisse nasceu na França no dia 31 de dezembro de 1869.

8

Logo que abriu os olhos,
Matisse viu que aquele ano já estava muito velho.
Mas ele nem ligou,
porque no dia seguinte começou outro,
novinho em folha.

Matisse não era como as outras crianças,
ele não sabia desenhar
(ele achava que não sabia)

11

e por isso não desenhou nada,
até completar 22 anos.

Enquanto esperava completar 22 anos
(para poder desenhar),
Matisse foi para uma escola de advogados
como seus pais queriam.
Estudando com brilho e inteligência,
virou um advogado,
como era de se esperar.

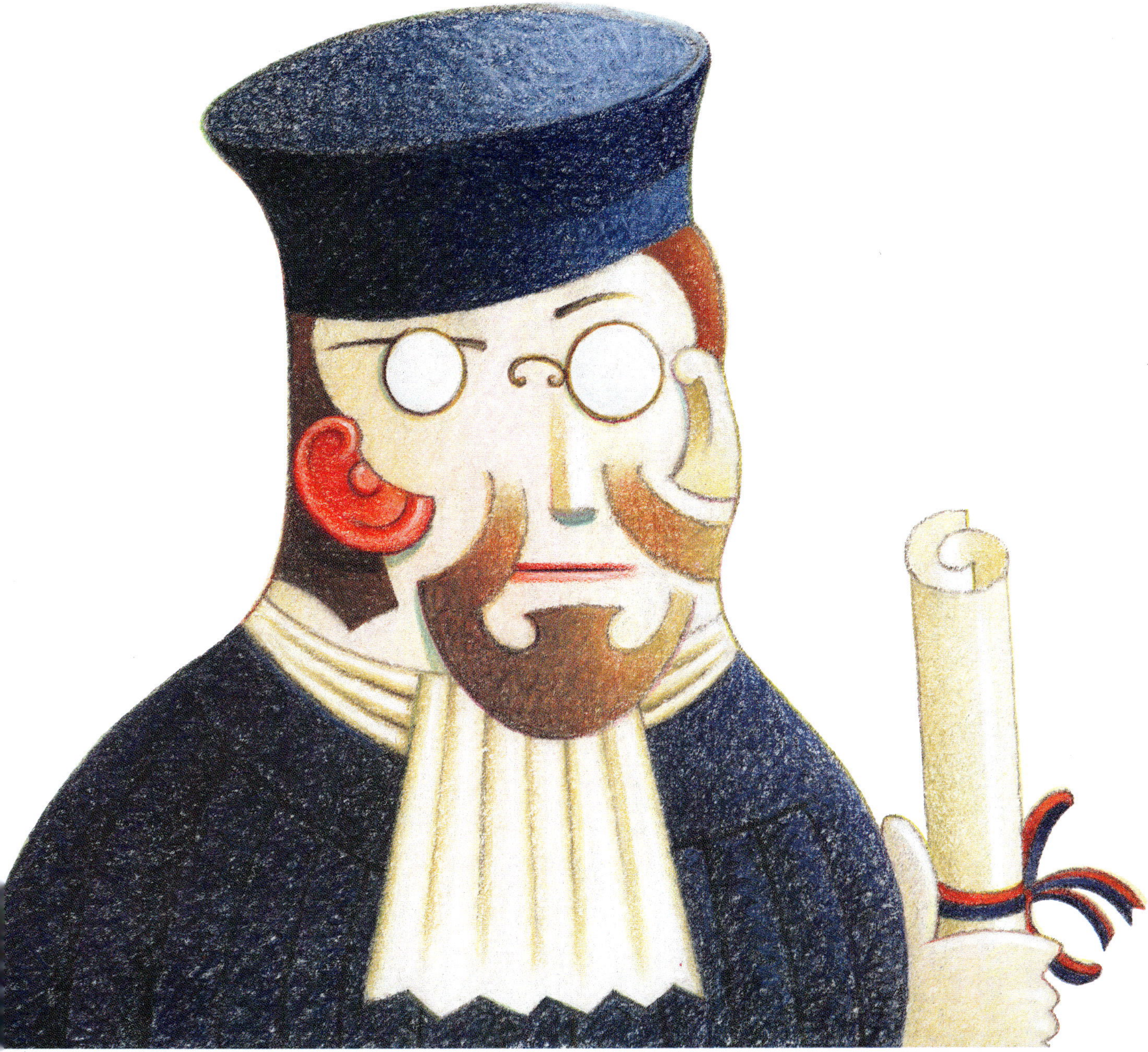

14

Ele estava
com vinte anos
e foi trabalhar
em um escritório.

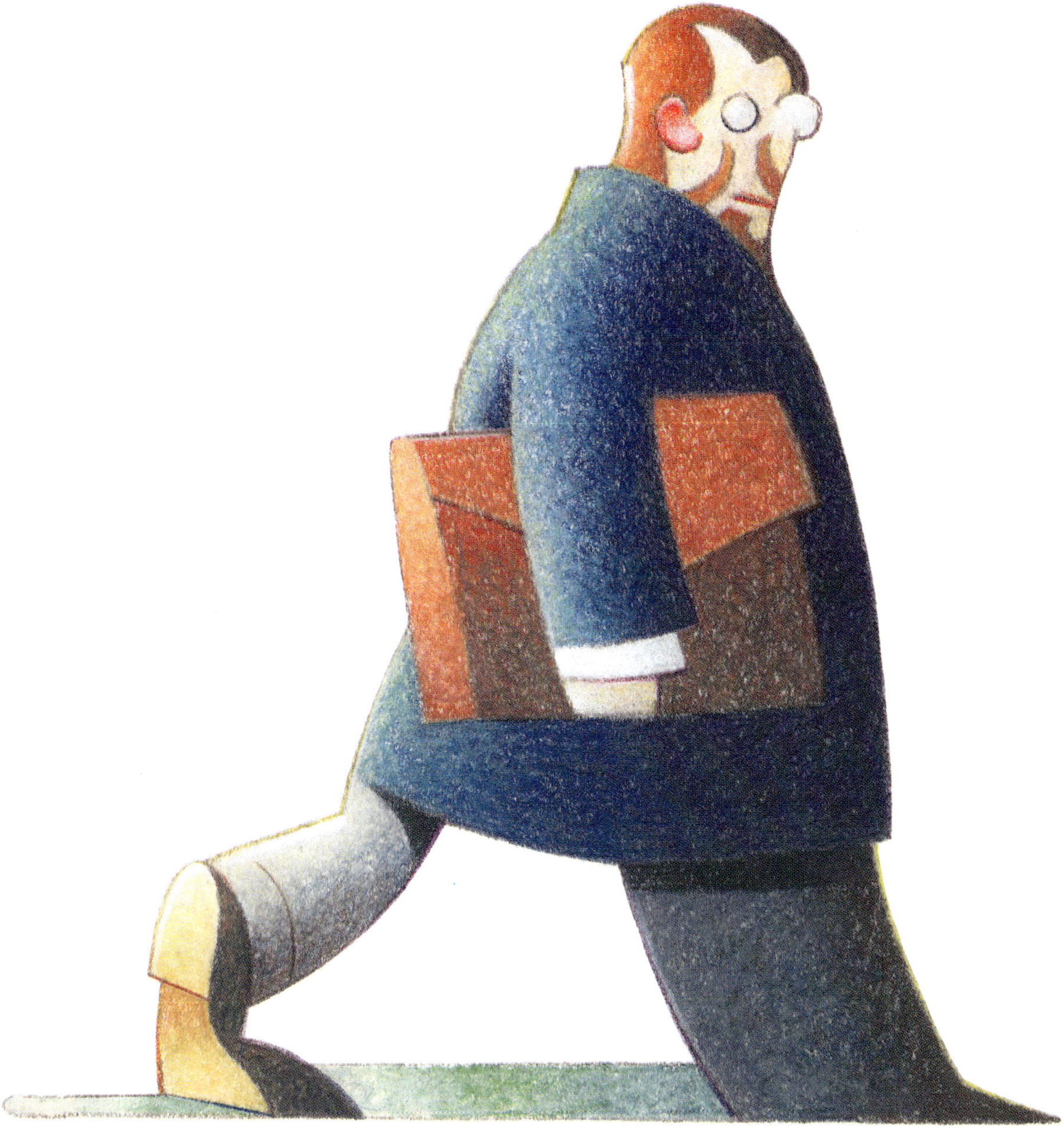

16

Ficava lá o dia inteiro
copiando
todos os processos
em um livro enorme.

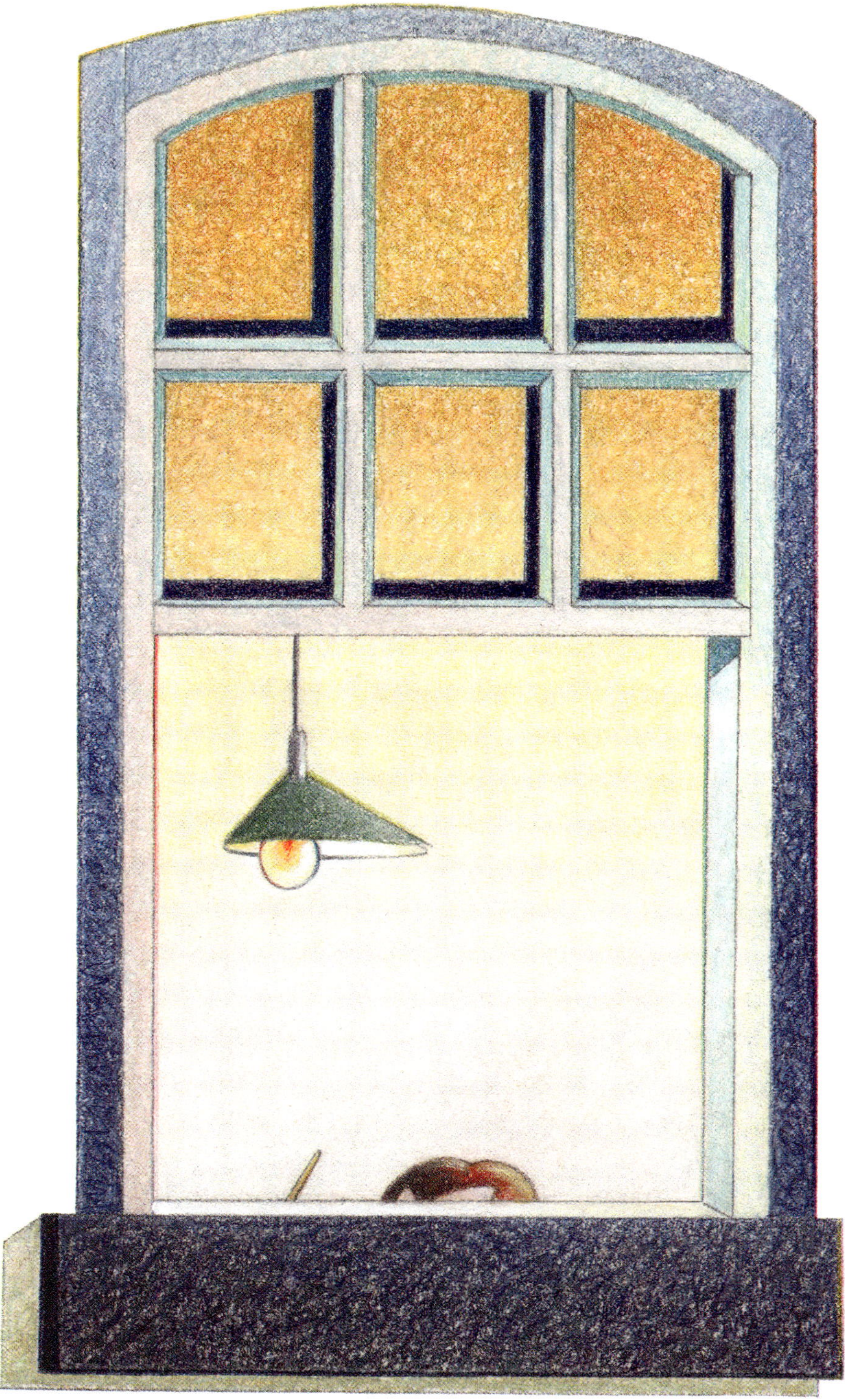

Ninguém sabia por que era preciso copiar aqueles processos.
Afinal, ninguém lia os livros.
Mas os clientes achavam importante
que seus casos fossem registrados

em livros tão imponentes.

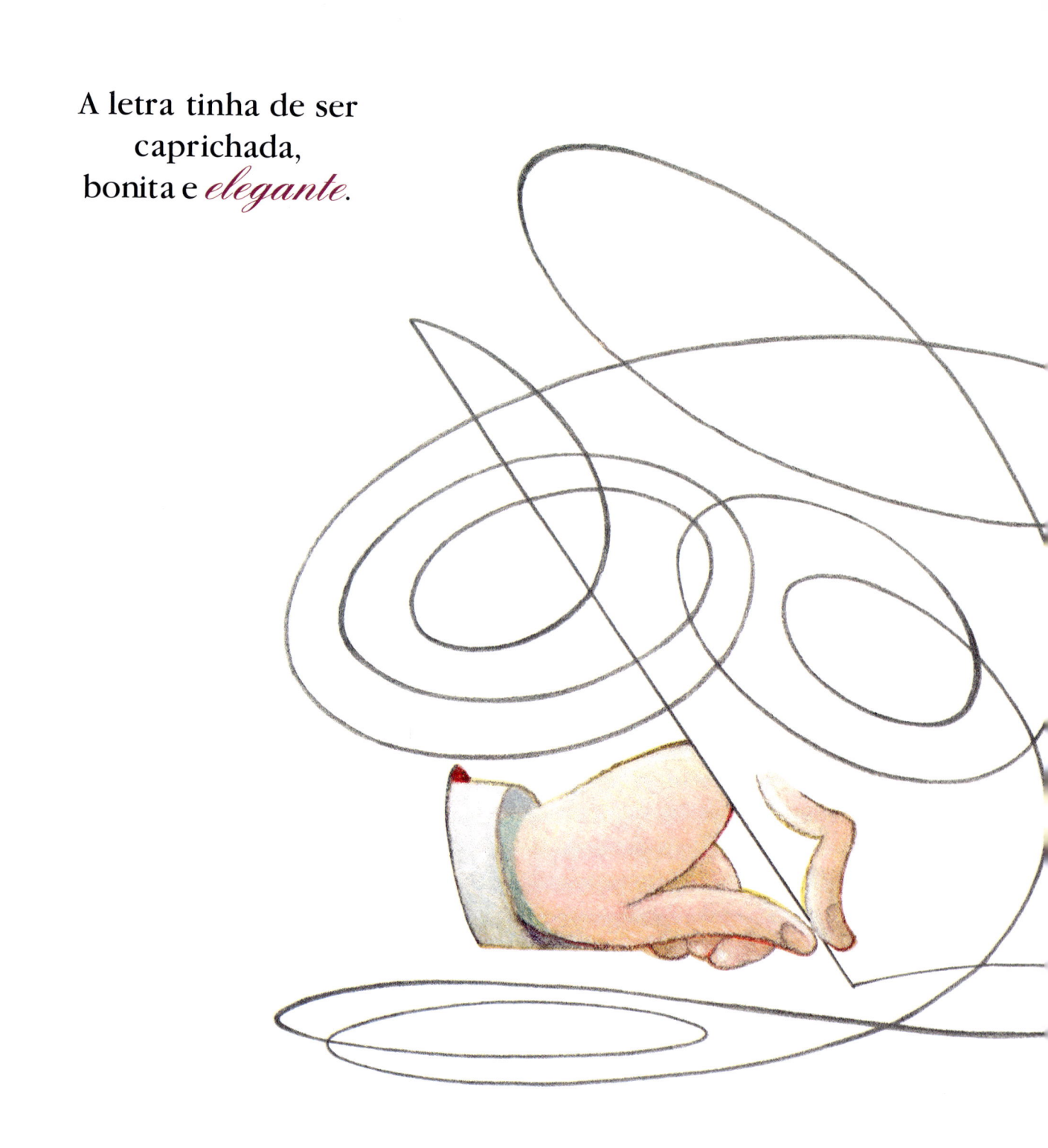

A letra tinha de ser caprichada, bonita e *elegante*.

Deve ter sido assim que
Matisse descobriu que podia desenhar.
Ele já tinha vinte e dois anos,
mas não era tarde.
Nunca é tarde.

Matisse achava o trabalho naquele escritório muito sério
para uma pessoa com a sua imaginação.
Passava o dia copiando todos aqueles processos
que não tinham nenhuma graça.

Para se divertir, passou a copiar nos livros, sempre com uma *caligrafia* muito bonita, histórias que admirava e que eram divertidas.

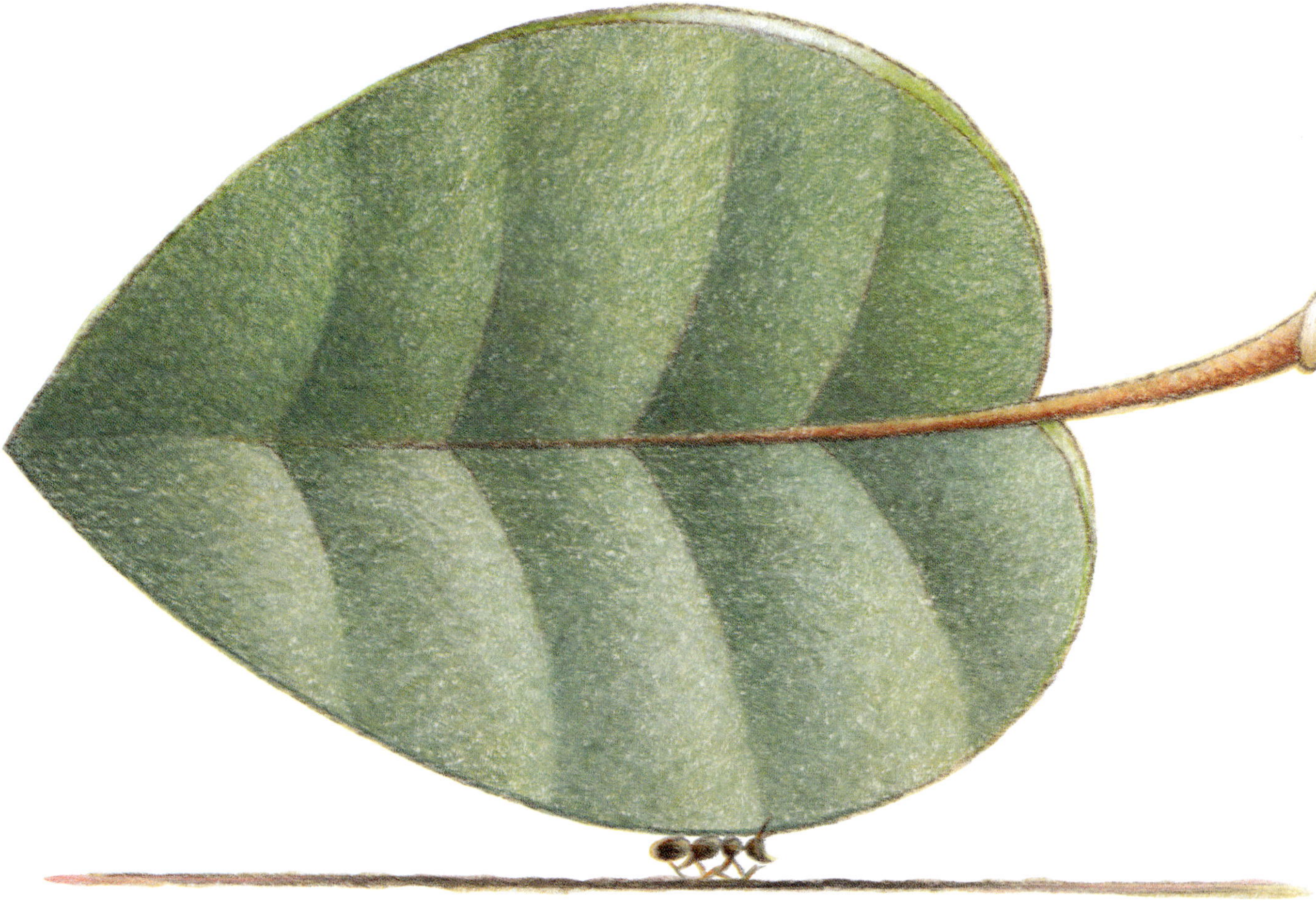

Como as fábulas de La Fontaine:
A raposa e as uvas,
A *galinha dos ovos de ouro*,
O *lobo e o cordeiro*,
A *cigarra e a formiga*.

Matisse gostava de todas elas
e deve ter copiado todas muitas vezes.
(como ninguém lia aqueles livros,
nunca descobriram a brincadeira)
Matisse ainda não era um artista,
mas já gostava de brincar.

A hora do dia que Matisse mais gostava
era quando, na volta do trabalho, passava pelo muro
da casa onde havia freqüentado o jardim de infância.
Era um muro alto que escondia a casa e o jardim.

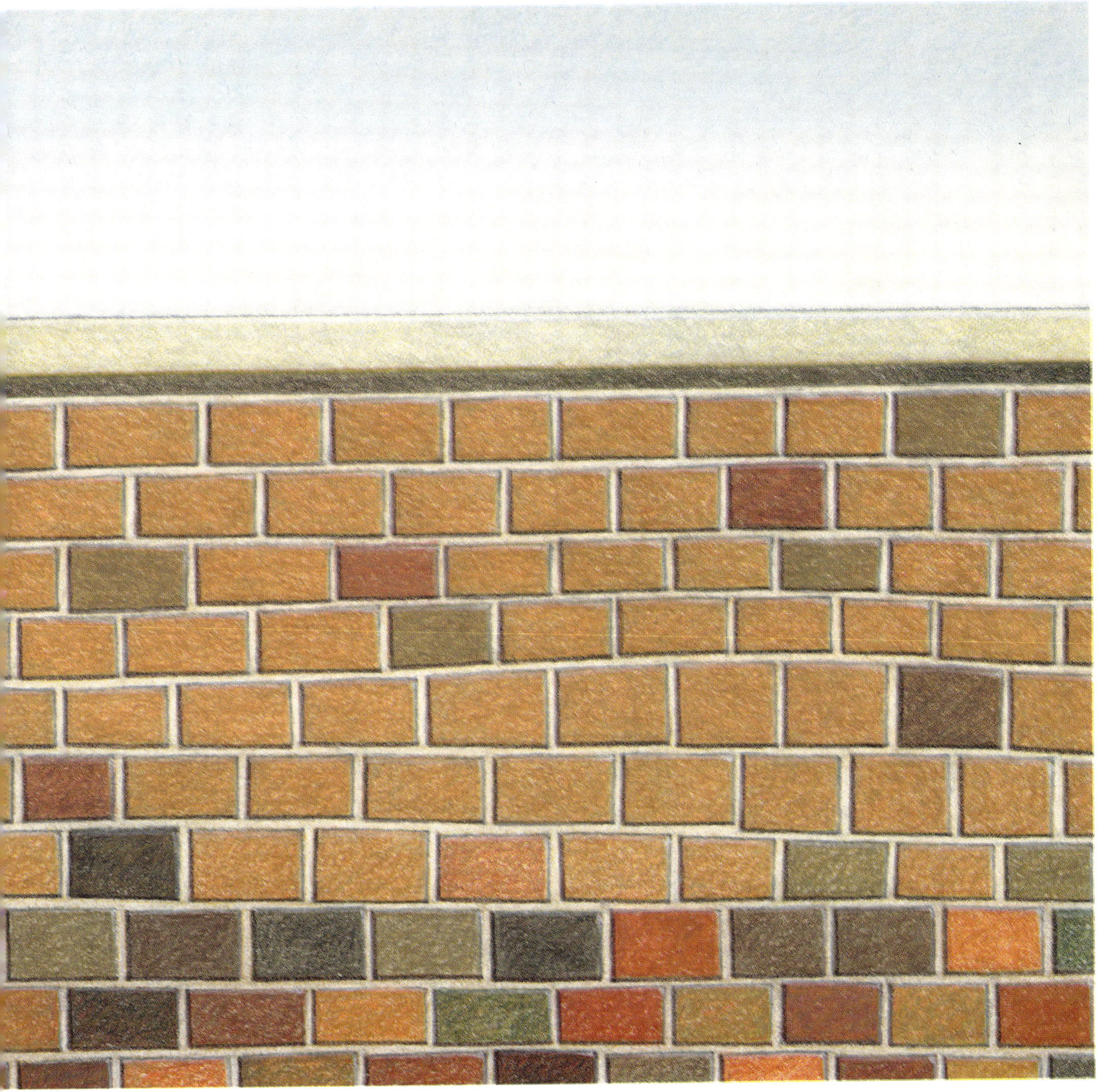

Mas agora,
que já tinha 22 anos e havia crescido,
ele conseguia enxergar por cima do muro
e podia ver o jardim.

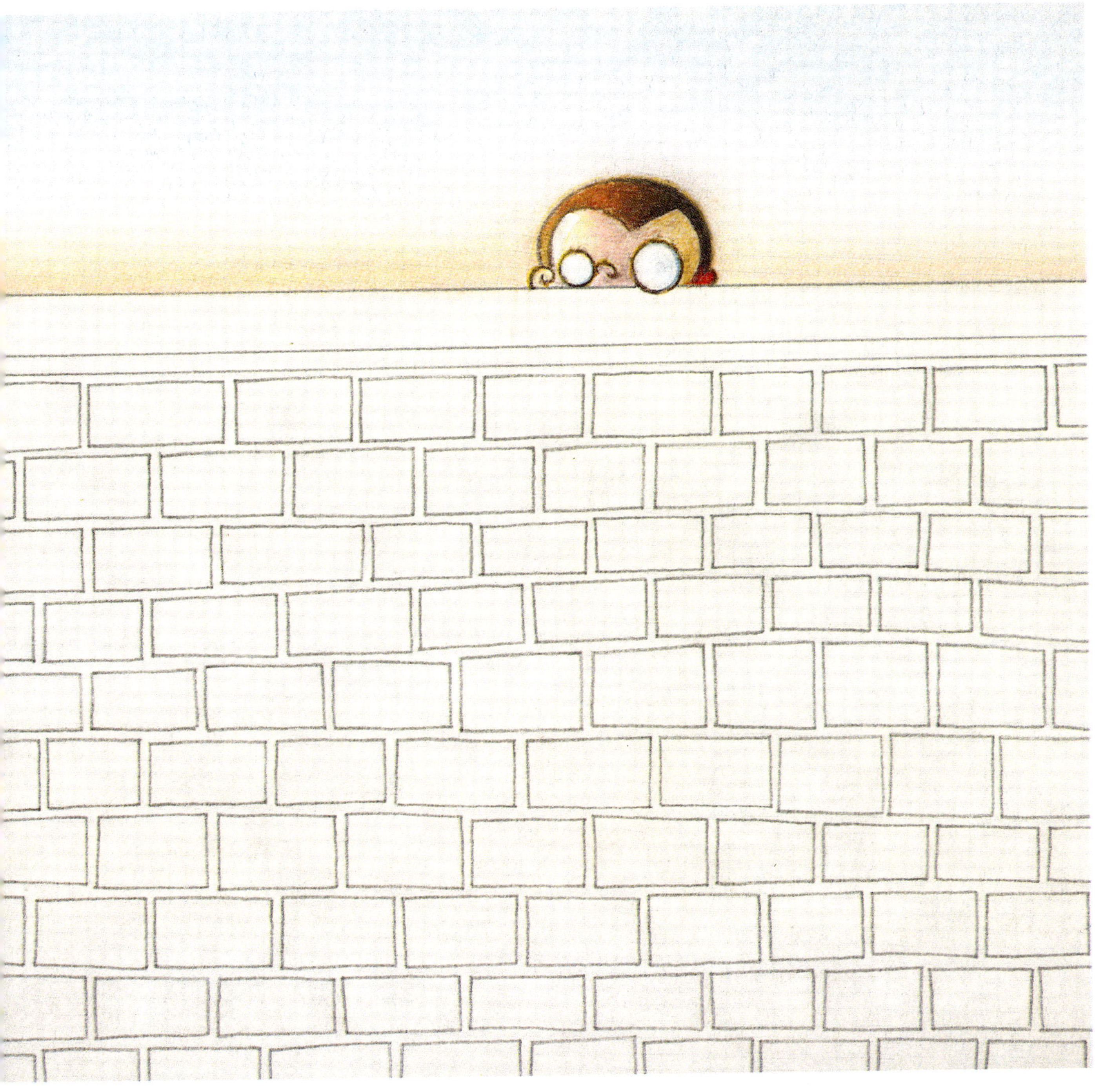

Era um jardi[m]
como um
de

Bonito desenh. criança

como as pinturas
que Matisse pintou
pelo resto de sua vida.

33

Fim.

Este livro é dedicado a todas as crianças do mundo,
de *Leonardo da Vinci* a *Francis Bacon*.

Henri Matisse (1869-1954)

Foi um dos pintores mais inovadores do século vinte, desenhava com surpreendente liberdade e coloria com muita emoção. Ele dizia que usava a cor para expressar suas sensações, independentemente dos objetos ou das figuras.
Suas bailarinas eram vermelhas, vibrantes como sua dança.
Nos últimos anos da sua vida criava seus desenhos fazendo colagens com papéis coloridos recortados como objetos e figuras numa síntese da sua pintura, feita de formas muito livres e cores intensas.

Alguns desenhos deste livro são interpretações livres do autor sobre pinturas originais de Matisse.
Página 32 *Música*, 1910 (óleo sobre tela, 260 x 389cm).
Museu Hermitage, São Petersburgo.
Página 33, à esquerda *O 14 de julho*, 1919 (óleo sobre tela, 115 x 88cm).
Coleção Bernheim de Villers, Monte Carlo.
Página 33, à direita *Zorah no terraço*, 1912-1913 (óleo sobre tela, 116 x 80cm).
Museu Pushkin, Moscou.